सात - प्रेम पत्र

ओझल प्रेम कि खोज

डॉ. गजेंद्र व्यास

Copyright © Dr. Gajendra Vyas
All Rights Reserved.

ISBN 979-888606616-6

This book has been published with all efforts taken to make the material error-free after the consent of the author. However, the author and the publisher do not assume and hereby disclaim any liability to any party for any loss, damage, or disruption caused by errors or omissions, whether such errors or omissions result from negligence, accident, or any other cause.

While every effort has been made to avoid any mistake or omission, this publication is being sold on the condition and understanding that neither the author nor the publishers or printers would be liable in any manner to any person by reason of any mistake or omission in this publication or for any action taken or omitted to be taken or advice rendered or accepted on the basis of this work. For any defect in printing or binding the publishers will be liable only to replace the defective copy by another copy of this work then available.

आज आपके हाथ में यह पुस्तक है। इस पुस्तक के प्रकाशित होने में कई सारे व्यक्तियों का योगदान रहा है और कई सारी चीजों ने मुझे बहुत ही सहायता की है। मैं आभारी हूं उन सभी व्यक्तियों का जिनके कारण मुझे पुस्तक लिखने की प्रेरणा मिली। मेरे प्रेरक व्यक्तियों में प्रमुख हैं स्व. **श्री मोहनलाल जी व्यास** (अध्यापक), श्री **भूपेंद्र सिंह राठौर** मोटिवेशनल स्पीकर एवं बिजनेस कोच, श्री **मितेश खत्री** अंतरराष्ट्रीय कोच एवं मेंटर। मुझे चाहने वाले मेरे मित्र गण और मेरे परिवार वाले जिन्होंने समय-समय पर मेरा उत्साहवर्धन किया और हर तरह से मेरा समर्थन किया और मैं आभार मानना चाहूंगा इस टेक्नोलॉजी का जिसके कारण ही यह सारा काम में कर पाया हूं और अंत में **नोशन प्रेस डॉट कॉम** का भी हृदय से आभार व्यक्त करता हूं जिन्होंने मुझे यह अवसर प्रदान किया।

धन्यवाद धन्यवाद धन्यवाद...

क्रम-सूची

भूमिका

आपने सुना होगा "जो जब होना होता है, वह तब हि होता है"। मतलब बिना किसी योग के कोई भी काम संभव नहीं होता है चाहे कितनी भी आप मेहनत कर ले, लेकिन अगर सभी चीजें एक श्रंखला में व्यवस्थित नहीं है तो वह काम नहीं हो सकता, शायद इसे हम लोग किस्मत, नसीब, LUCK कह सकते हैं।

मन में विचारों का तूफान तो मेरे स्कूल के समय से ही चल रहा था लेकिन उचित मार्गदर्शन और उस तूफान के एक आवेग कि कमी थी। जीवन में कई सारे मोड़ आए चाहे वह कैरियर से संबंधित हो , चिकित्सा व्यवसाय से संबंधित हो, रिश्तो से संबंधित हो, परिवार से संबंधित हो । हर जगह हर संबंध में विचारों का एक झुंड मेरे दिमाग में घूमता रहता और मन करता था कि कहीं ना कहीं बिखेर दो पर कहते हैं ना समय से पहले कुछ नहीं हो सकता। इसके साथ ही मैंने देखा हर व्यक्ति अपने जीवन में किसी न किसी समस्या, तनाव से त्रस्त रहता है और वह इनका हल ढूंढने के बजाय इनके साथ रहने को भी अपना भाग्य बना लेता है। इसी अवरोध के साथ वह जीना सीख जाता है और उसके जो विचार होते हैं वह भी इसी प्रकार का रूप ले लेते हैं, जैसे मानो यह समस्याएं, यह तनाव, यह उलझन वास्तविक हो और जीवन का एक अभिन्न हिस्सा हो, जिससे उनके संपर्क में आने वाले लोग, बच्चे, दोस्त भी उसी मानसिकता से प्रभावित होते रहते हैं जिसके कारण परेशानी, समस्या, उलझन का ग्राफ बढ़ता ही जाता है, बढ़ता ही जाता है और कहीं ना कहीं मानव जीवन के विकास में बाधक बनता है। यह इंसान इस तरह के दोगले स्वभाव के कारण ही परेशान रहता है। एक तरफ समस्याओं, परेशानियों को अपनी जिंदगी का अभिन्न अंग बना लेता है, दूसरी तरफ इन्हें हमेशा कोसता रहता है की इनके कारण ही वह उन्नति,विकास नहीं कर पाया।

जब मुझे पहली बार इस चीज का एहसास हुआ की कमी, परेशानी, नकारात्मकता, को देख ने पर सिर्फ हम उनमें वृद्धि ही करते हैं जबकि

उसके उलट हमारे पास देखने के लिए एक अलग, नया और अनोखा नजरिया भी है- जिसमें हम सकारात्मकता, आत्मविश्वास और पर्याप्तता को महसूस कर सकते हैं और उसके लिए हम किसी ना किसी के आभारी हो सकते हैं मात्र इतना ही बदलाव लाने से जिंदगी में इस कदर भारी बदलाव लाया जा सकता है यह मुझे पता चला। हमारे पुराने शास्त्र, ग्रंथ सभी में कई सारी बातें बताई गई है। यदि व्यक्ति उन पर चले तो एक सुख शांति पूर्वक जीवन व्यतीत कर सकता है परंतु वह सब ऐसी बातें हैं जिन्हें विस्तारपूर्वक आज के समय के हिसाब से समझना और समझाना बहुत जरूरी है और यह एहसास मुझे तब हुआ जब मैं दो महान व्यक्तित्व के संपर्क में आया एक **श्री भूपेंद्र सिंह राठौर** और **श्री मितेश खत्री**। इनकी संगत से मैंने कई सारी बातें सीखी कई सारे तरीके सीखे और जीवन को देखने का एक नया ही अंदाज सीखा, जिससे मैं खुद के जीवन में कई सारे सकारात्मक बदलाव कर पाया हूं। हो सकता है हम उन्हें बदलाव ना कहें लेकिन एक सकारात्मक नजरिया विकसित कर सका हूं, घटनाओं को देखने का चश्मा बदल चुका हूं, जिससे एक ही परिस्थिति में कई लोगों के अलग-अलग नजरिए होते हैं उसी प्रकार उनमें से सकारात्मक नजरिए का चुनाव करने की जो कला है वह इन दो महान व्यक्तित्व से मुझे मिली है और आने वाले पन्नो पर आपके सामने उसका एक छोटा सा अंश मैंने उकेरने का प्रयास किया है जिससे कि आपके जीवन में भी इस तरह का एक सकारात्मक परिणाम आए।

सबसे खास बात जिन TOOLS को मुझे प्राप्त करने में इतना समय लगा और अब जाकर मुझे मिला है तो मेरा एक यही प्रयास है कि आपको मैं इस पुस्तक के माध्यम से एक झलक दिखाओ जिससे कि आपकी एक बेसिक थॉट प्रोसेस, वैचारिक क्रांति, वैचारिक प्रोसेसिंग हो जिससे आप वर्तमान में जैसे हैं, जहां हैं, वैसे ही उस जीवन का आनंद प्राप्त कर सके और साथ ही अपने आसपास वाले, परिवार वाले, चाहने वाले लोगों को भी आनंदित कर सके तो आगे की यात्रा में मैं आपको ले चलता हूं....

1

तुम कौन हो?

जीवन के इस मोड़ पर आकर आज एक सच्चा प्रेमी मिला हे जिसे मैं कभी देख ही नहीं पाया। सोचकर घोर आश्चर्य होता हे की आज से पहले इस और मेरा ध्यान क्यों नहीं गया? जबकि मेरे हर काम में ,हर दुःख दर्द में ,जीवन के हर पहलु में तुम समाये थे। मैं इस कदर तुम्हे नजरअंदाज कैसे कर सका इस पर मुझे बहुत ही ग्लानि हो रही है। जबकि तुम्हे पाने के लिए बिना कुछ पुरुषार्थ के भी तुम हमेशा मेरे पास रहते थे ,मेरी मदद को आतुर रहते थे ,बावजूद इसके आखिर तुम पर मेरा ध्यान क्यों नहीं गया? लेकिन आज मैं खुद को इतना अनुग्रहित महसूस कर रहा हूँ की दिल की गहराइयों से उफनती हुई भावनाओ की लहरे आज पन्नो पर बरस रही हे।

The sign of LOVE

तुम्हारे लिए हमेशा बुरी बातें मैंने सुनी थी , ये अच्छी बात नहीं होती, ये परिवार में झगडे की जड़ होती हे , इसके प्यार में पड़के कई लोगो के घर बिगड़ गए हे , बच्चे माँ बाप से दूर हो जाते हैं आदि आदि। कभी किसी ने नहीं बताया की इतनी बुराई होने के बाद भी दुनिया इसी के पीछे क्यों पड़ती हैं ? बड़े हो या छोटे हो , आमिर हो गरीब हो सब इसी प्यार के दीवाने देखे जाते रहे हे। आखिर ऐसा क्या हे इस प्यार में जो इतना प्यारा होते हुए भी इतनी आलोचनाओं से भरा हुआ हैं।

एक विरोधभास फिर भी मन को कचोटता रहता है कि जिसकी इतनी आलोचना होती हे उसी के पीछे पीछे दुनिया भागती है। दुनीया का यही दोगलापन देखके दिल तड़प कर रह जाता है। कि आखिर जिसे सबसे ज्यादा प्यार कि दरकार होती है उसे हि नगण्य मानने कि भूल हम केसे कर सकते है?चलो जो हुआ सो हुआ मगर अब आगे ऐसा नहि होगा और मेरे साथ आप भी ये प्रण लें कि जो इस प्यार को भुलने कि भूल अन्जाने मे हुइ हे उसे नही दोहराएंगे। और हम इस प्यार को हद से ज्यादा और बहुत ज्यादा प्यार करते रहेंगे। इस प्यार को हम बस प्यार करेंगे अभार करेंगे और हर दिन हर पल करते रहेंगे ।

आगे बढ़ने से पहले आप से एक सवाल करना चाहता हूँ -
हाँ हाँ आप ही से ...

कौन हो सकता है जिसे हद से भी ज्यादा प्यार करने की बात हो रही हे? अगले पन्ने पर जाने से पहले एक मिनट रुकिये अपने जीवन के पिछले पन्नो को निहारीये और लिखिये कि आपके लिये कोन हद से ज्यादा प्यार करने के योग्य है ?

1_____________

2_____________

3_____________

2

तुम कहाँ थे?

मुझे तुम कंही दिखायी तो नही दिये ! जब जब मैने तुम्हे देखना चाहा, पाना चाहा तुम दूर दूर तक दिखते हि नही थे। इसके विपरीत जितना तुम्हे पाने के जतन करता उतना हि तुम दुर जाते हुये लगते थे। ये तुम्हारा स्वभाव मुझे हमेशा से अचम्भीत करता रहा है। आखिर तुम ऐसे क्यो हो जाते हो और कहां चले जाते हो? फिर भी तुम हमेशा मेरे पास रहे, मेरे लिये तैयार रहे। मै हि तुम्हे महसूस नहि कर पाया था। लेकिन आज ऐसी गलती नही करूँगा। क्योन्कि मूझे अपनी ना समझी समझ आ गई है और मै अपने आप को पुरी तरह माफ करता हूँ, स्वीकार करता हूँ और फिर से एक नया नजरिया विकसीत करने कि कोशिश करता हूँ। मुझे यह अह्सास हो गया हे कि तुम हमेशा से मेरे साथ थे मेरे पास थे मेरी हर जरूरत कि पुर्ती मे शामिल थे। आज इसी भावना को मै अपने शब्दो मे व्यक्त करके तुम्हे बहुत हि प्यार देना चाहता हूँ। मै तुमसे बहुत प्यार करता हूँ, हर कदम पर मेरा साथ देने के लिये तुम्हारा हार्दीक आभार , धन्यवाद धन्यवाद धन्यवाद।

अब जब तुम्हारा और मैरा एक पक्का रिश्ता साबित हो हि चूका हे तो हम प्यार भरी बाते कर हि सकते है, एक दुसरे को प्यार कर सकते है, गले लगा सकते है और दिल कि हर बात एक दुसरे से साझा कर सकते है।

अब आप अपने तीन प्यारे लोगो को दो लाईन मे प्यार भरे शब्द लिखे

और उसे पुरे दिल से महसूस करने कि कोशिश करे। ये पुरी तरह सहज होना चाहिये। ये तीन नाम वो भी हो सकते हे जो पिछले पाठ मे आपने लिखे थे।

मेरे प्रिय ....

मै तुम्हे बहुत प्यार करता हूँ, बहुत चाहता हूँ। तूमसे हि मेरे जिवन मे हर सूख हे , हर जरूरत कि पुर्ति है। तुम मेरे जिवन का अभिन्न अंग हो। तुम अगर नही होते तो जीवन अधूरा सा हो जाता, किसी भौतिक सूख का उपभोग नही कर पाता।

अब आप एक ब्रेक ले सकते हो क्योन्कि अगले पाठ से हम एक अलग और अनोखे विचार के रथ पे सवार होंगे ......

3

तुम यहां हो- पहला पत्र

आशा है आप सब अपने अपने अपने प्यार को जान गये होंगे पहचान गये होंगे। अगर आप अभी भी किसी भ्रम मे हो तो आगे आपका भ्रम दुर हो जायेगा।

अब आप पुरे समर्पण और मासुमियत लिये आगे पढते रहीये क्योन्कि आपके कइ सारे मूगालते दूर हो सकते है।

मेरे सच्चे प्यार , तेरे मुझ पर कितने है ऊपकार, तु न हो तो मच जाये हाहाकार , मै तो बस करु तेरी हि जय जयकार।।

मेरे सच्चे प्यार , तेरे मुझ पर कितने है ऊपकार, तु न हो तो मच जाये हाहाकार , मै तो बस करु तेरी हि जय जयकार।।

पेसे, धन, लक्ष्मी, मनीलाल,अर्थ आदि नामो से आप मेरे इस प्यार को जानते होंगे मगर आप सोच रहे होंगे कि मै इस चीज को इतना महत्व क्यो दे रहा हूँ? क्योन्कि मेरे जेसी ही आपकी भी मनो दशा होगी कि पैसे को तो सब बूरा भला कहते है फिर मै इतनी हीमायत क्यो कर रहा हूँ?

आइए थोड़ा इसे समझते हैं..

क्या पैसा आपके काम तभी से आ रहा है जब से आपने उसे कमाना शुरू किया?

क्या आज तक पैसे नहीं आपकी किसी प्रकार से कोई हानि की?

किसी भी तरह से जब भी आपके पास पैसा आया तो क्या उसके साथ परेशानी भी आई?

पैसा खर्च करने के बाद आपको खुशी नहीं हुई क्या कभी ऐसा हुआ?

हमें इन सवालों के जवाब आराम से सोचना है।

अब हम आगे बढ़ते हैं पैसे से हम हमारे जीवन के कई सारे काम करते हैं चाहे हमारी उम्र कुछ भी हो। बचपन हो, युवावस्था हो, वृद्धावस्था हो, बीमार हो, भूखे हो, बिना कपड़ों के हो, बिना घर के हो,

बिना लोगों के हो, अकेले हो, समूह में हो, हर परिस्थिति में इस धन की वजह से ही आपके कई सारे काम हुए हैं। इतना महत्वपूर्ण होते हुए भी हम हमारे धन से प्रेम नहीं करते क्यों? चलिए क्यों नहीं करते उसे छोड़ते हैं क्यों करना चाहिए उस पर आगे बढ़ते हैं। यह धन हमारी तब भी मदद कर रहा था जब हम इसे कमाने के लिए कोई पुरुषार्थ नहीं कर रहे थे, जबकि हम इसके महत्व से भी अनजान थे, इसकी उपयोगिता से भी अनजान थे, तब भी इसी धन के कारण हमारा बचपन पला बड़ा और युवावस्था तक पहुंचे और हो सकता है आज हम इस पड़ाव पर हैं कि एक अच्छी धनराशि हम कमा रहे हो।

आप थोड़ा सा हिसाब लगाइए अपने पैदा होने से लेकर जब कमाना शुरू किया तब तक आपके ऊपर कितनी धनराशि खर्च हो चुकी होगी? शायद आप के आंकड़ों से भी महत्वपूर्ण उसकी उपयोगिता होगी क्योंकि आंकड़ों में तो धन हमेशा कम रहता है लेकिन वह जो चीज करता है उसकी कीमत उससे कई ज्यादा होती है। लेकिन हमेशा हम धन की कमी का रोना ही क्यों होते रहते हैं? क्या हमें एहसास है कि जो इतने सालों तक धन हमारी सहायता की हमारे जीवन को चलाने के लिए जो योगदान दिया, जो उसे खर्च करने से सुख मिले उनके लिए कभी हम धन का एहसान उतार सकेंगे?

कितनी ही बार हमने नए कपड़े पहने, बचपन में कितने ही बिस्किट चॉकलेट खाई, कितनी ही बार घूमने गए, कितनी ही बार डॉक्टर के पास गए इलाज के लिए, कितनी ही बार पेंसिल कॉपी घुमाने के बाद बार-बार आई, कितनी ही बार खिलौने आए, कितनी बार घूमने गए,क्या इन सभी सुख-सुविधाओं का मिलना बिना धन के संभव था?

अब मैं आपको ज्यादा बोर नहीं करूंगा और सीधे ही ले चलता हूं उन टूल्स की तरफ जिससे आप धन में समाहित ऊर्जा को बढ़ा सकें और अपनी जो धन की कमी है, धन के कारण जो आपके विचारों में नकारात्मकता है, उसकी सफाई हो और एक नई ऊर्जा, नया वातावरण आपके दिमाग में धन को मिले जिससे धन के प्रति आपका रवैया अच्छा हो और धन का रवैया आपके प्रति और अच्छा हो। इनके कारण ही आज मेरा नजरिया धन के प्रति बहुत ही सकारात्मक और उदार

हुआ है और कुछ सामान्य से दिखने वाले चरण उपयोग करने के बाद आप पाएंगे कि पैसे का एक अलग ही प्रवाह आपकी ओर होने लगा है और यह पूरी तरह वैज्ञानिक और प्रायोगिक है जिसका मुझे खुद को बहुत ही लाभ मिला है और लगभग 2 से 3 महीनों में धन के प्रवाह का आश्चर्यजनक परिवर्तन मुझे मेरे जीवन में देखने को मिला और अब मैं यह चाहता हूं कि जो सुखद ऊर्जावान अनुभव मैंने किया है वह आप भी करें और धन का प्रवाह आपकी और भी उसी प्रकार होता रहे जिस प्रकार कई हजारों अमीर और धनवान लोगों की ओर हो रहा है

सबसे पहले आपके लिए धन की जो 5 खूबियां हैं आप उन्हें नोट करें यह आपकी व्यक्तिगत होगी जो आप समझते हैं कि धन आपके लिए इन 5 तरीकों से मददगार साबित होता है इन पांच कारणों के कारण आप धन को महत्वपूर्ण मानते हैं और अगर यह धन नहीं होता तो यह पांच काम आप शायद कभी नहीं कर पाते...

1. _______________________
2. _______________________
3. _______________________
4. _______________________
5. _______________________

हो सकता है इन 5 बिंदुओं में आपने आपका खाना लिखा हो जिस खाने को खाकर आप अपने शरीर का पोषण कर सकते हैं और हो सकता है उसमें आपने अपने शिक्षा का खर्च लिखा हो जिसके कारण आज आप इतने सक्षम हो गए हैं कि पैसा कमा सकते हैं खुद के पैरों पर खड़े हो पाए हैं। हो सकता है उसमें से एक बिंदु आपके डॉक्टर की फीस हो, आपके घर परिवार में जो भी रोगी हैं, उनकी दवाइयों का खर्चा भी उसी पैसे से निकलता है, हो सकता है आपके सुख सुविधाओं के जो सामान हैं वह उस पैसे से हो, हो सकता है आपके शरीर के जो चमक-दमक है, जो ग्रूमिंग है उसका भी पोषण इसी पैसे से हुआ है, हो सकता है आपने इस पैसे से ही कई सारी यात्राएं की हो, यात्राओं में जो खर्चा हुआ है वह भी इसी पैसे से हुआ है, हो सकता है आपने उसमें यह लिखा हो कि आप एक अच्छे रहने की जगह बना पाए हो या उस जगह

को किराए पर ले पाए हो, यह सारे काम उसी पैसे से हैं। कुछ भी हो सकता है जो 5 बिंदु आपके लिए महत्वपूर्ण हैं वह आपने लिखे हैं।

अब हम आगे बढ़ते हैं और एक ऐसा उपक्रम बताने जा रहा हूं जिसे मैं खुद "थ्री मैजिकल स्टेप"(तीन चमत्कारिक चरण) कहता हूं।

<u>पहला चरण</u>-- इसमें जो 5 बिंदु हम ने लिखे हैं उनके लिए धन को धन्यवाद देंगे, धन का आभार मानेंगे और अभी तक जितने भी काम बने हैं जिसमें धन का योगदान है उसके लिए हम धन का हृदय से, दिल की गहराइयों से धन्यवाद और आभार व्यक्त करेंगे।

1. धन्यवाद धन्यवाद धन्यवाद-मेरे प्यारे धन पैसे रुपए मनी- तुम्हारे कारण ही तो ....

2. धन्यवाद धन्यवाद धन्यवाद-मेरे प्यारे धन पैसे रुपए मनी- तुम ना होते तो...............

3. धन्यवाद धन्यवाद धन्यवाद-मेरे प्यारे धन पैसे रुपए मनी- तुम्हारी उपस्थिति के कारण ही तो ....

4. धन्यवाद धन्यवाद धन्यवाद-मेरे प्यारे धन पैसे रुपए मनी- तुम मेरे पास पर्याप्त थे इसीलिए ....

5. धन्यवाद धन्यवाद धन्यवाद-मेरे प्यारे धन पैसे रुपए मनी- तुम मेरे सबसे प्रिय सबसे चाहते हो क्योंकि ....

<u>दूसरा चरण</u> - इस चरण में हम हमारे इतने काम में आने वाले धन से क्षमा प्रार्थना करेंगे, क्षमा मांगेंगे -- उसे नगण्य समझने के लिए,उसकी कदर नहीं करने के लिए, उसकी अच्छाइयों को नजरअंदाज करने के लिए, उसके महत्व को कमतर आंकने के लिए, उसको ठीक से मैनेज नहीं करने के लिए, जितनी भी नकारात्मक सोच हैं उन सभी के लिए हम इस धन से क्षमा याचना करेंगे। जो कि हम पूरे दिल से मांगेंगे उस धन से क्षमा मांगेंगे।

<u>तीसरा चरण</u> - यह सबसे महत्वपूर्ण चरण है जिसकी वजह से मैं खुद बहुत ही लाभ दायक स्थिति में पहुंचा हूं और मुझे पक्का विश्वास है कि इस चरण का पूरा लाभ अभी उठाएंगे और धन की ऊर्जा को अपनी ओर आकर्षित करेंगे जिससे आप एक समृद्धि की ओर अग्रसर हो सके।

इस चरण में हम हमारे पास उपलब्ध धन और हर उस चीज के प्रति जो धन के कारण हमें मिली है संतोष और खुशी व्यक्त करेंगे। हम मुस्कुराएंगे, प्रसन्न होकर इस धन को यह विश्वास दिलाएंगे कि तुम मेरे पास इतनी प्रचुर मात्रा में हो, मैं उस में खुश हूं, संतुष्ट हूं।मैं तुम्हें पाकर बहुत प्रसन्न हूं,आनंदित हूं । जो तुम आज अभी इस वक्त जितनी मात्रा में मेरे पास हो उससे मैं अपने आपको गौरवान्वित महसूस कर रहा हूं और बहुत ही ऊर्जावान महसूस कर रहा हूं क्योंकि जितने तुम हो इतने मे मैं बहुत संतोष और खुशी का अनुभव कर रहा हूं।

श्री मैजिकल स्टेप से आप अपने धन के प्रवाह को बढ़ा देंगे और कहीं ना कहीं एक सकारात्मकता आपकी तरफ आकर्षित होगी जो आपके लिए धन की प्रचुरता को बढ़ाने में मदद करेगी। निश्चित रूप से यह एक जादू के जैसा होगा और जहां जादू होता है वहां कोई तर्क नहीं होता क्या यह जादू आपके लिए भी काम किया है? बताएं

आप यह बातें इसलिए नहीं माने कि मैं कह रहा हूं आप खुद इसका प्रयोग करके देखें और फिर अपने अनुभव मेरे साथ शेयर करें कि ऐसा करने से आपको अगले 7 दिन में क्या परिणाम मिले अगले एक माह में क्या परिणाम मिले अगले 3 माह में आपके साथ क्या-क्या परिवर्तन हुए कृपया शेयर जरूर करें

4

दूसरा पत्र

आप चाहे कितने ही सुखी हो कितने ही आराम में हो कितने ही दुखी हो हर चीज का अनुभव आप एक ही चीज के अंदर करते हैं और वह है आपका हमारा अपना शरीर हमारा शरीर बहुत ही महत्वपूर्ण है यह आपको बताने की जरूरत नहीं है आप भी जानते हैं लेकिन क्या आप यह जानते हैं कि वाकई में आप इस शरीर को कितना महत्व देते हैं कभी इस शरीर पर कॉन्शियसली आपने ध्यान दिया है कभी कहीं दर्द होता है कभी कहीं तब जाकर हम उस विशेष अंग पर ध्यान देते हैं अगर ऐसा ना हो तो हमारा ध्यान कभी भी इस अद्भुत शरीर रचना पर जाई ना क्योंकि हम आपाधापी कि इस जीवन चर्या में इतने व्यस्त हो चुके हैं कि खुद के बारे में यहां तक कि खुद के शरीर के बारे में भी सोचने का हमारे पास बिल्कुल भी समय नहीं है और इनका परिणाम कहीं ना कहीं हमें भविष्य में भुगतना पड़ता है किसी न किसी गंभीर बीमारी या शरीर के किसी हिस्से की कमजोरी किसी भी रूप में यह एक तरह से हमारे आस पास होता है इसका मुख्य विशेष जो कारण है वह सबसे मुख्य कारण यही है कि हमारा इस शरीर पर ध्यान नहीं होना

हम हमारे शरीर से दिन भर काम लेते रहते हैं कई बार कई कई दिनों तक बिना आराम के इसको चलाते रहते हैं या कहा जाए रोते रहते हैं और यह हमारे साथ हमारे दिमाग के साथ चलता रहता है बिना थके बिना रुके लेकिन कब तक कब तक ऐसा चलता रहेगा क्या आपने सोचा नहीं

कि अगर केवल एक उंगली में थोड़ी सी खरोच लग जाए तो वह आपको कितना परेशान करती है आपको तब एहसास होता है उस उंगली के महत्व का उस उंगली की उपस्थिति का तभी होता है जब शरीर के किसी अंग में दर्द हो तब उस अंग की तरफ ध्यान जाता है इस बात को हम इस तरह समझ सकते हैं आप बताइए कि हमारे पैर के अंगूठे के नीचे का जो हिस्सा है वहां पर आखरी बार आपने कब छुआ था यह सोच कर कि अरे वाह यह अंगूठा तो आज दर्द नहीं कर रहा है आज तो यह बिल्कुल स्वस्थ है इसका जोड़ पूरी तरह मजबूत और लचीला है कई लोगों के पास अलग-अलग जवाब हो सकते हैं इस सवाल के लेकिन आप खुद याद कीजिए हमारा कान और उस कान के पीछे का हिस्सा आखरी बार आपने कब यह सोचकर छुआ था कि अरे वाह यह तो मेरा काम है यह कहानी यहां से जुड़ा है इसके लिए किस का एहसानमंद हो सकते हैं हम.

सोचिए आप और हम दिन भर इस शरीर से कितना काम लेते हैं कुछ लोगों का जॉब ऐसा होगा कि दिन भर उन्हें खड़े रहना पड़ता होगा लेकिन क्या कभी आपके पैरों पर ध्यान दिया कुछ लोग ऐसे होंगे जो टाइपिंग राइटिंग फील्ड में होंगे क्या कभी आपकी उंगलियों को आप ने प्यार से देखा इनकी याद तब आती है जब काम करते-करते थक के चूर हो जाए और आप को बोले कि अरे इधर ध्यान दीजिए हम भी इधर हैं क्या आपको लगता है आप अपने शरीर पर पूरा ध्यान देते हैं यदि हां इसका जवाब हां है तो फिर आपके शरीर में इतनी तकलीफ है दर्द जमाव अकड़न क्यों आ जाती है तो चलो छोड़ो छोड़ते हैं और हम देते हैं ध्यान देने की बात हमारा शरीर एक अद्भुत है जिसमें हड्डियों की बात की जाए तो लगभग 206 होती है जो हमारे पूरे शरीर को बनाने में बहुत ही महत्वपूर्ण रोल अदा करती है इसके साथ ही कई सारी ग्रंथियां होती है कई सारे आते हैं हमारे हाथ पर स्किन होती है चमड़ी होती है जो पूरे शरीर को कवर करती है हमारे पेट के अंदर कई सारे अंग होते हैं लीवर किडनी आते हैं हमारे छाती में हार्ड फेफड़े डायग्राम मांसपेशियां कितना करके बनाया है उस ईश्वर ने शरीर को क्या कोई विज्ञान कोई मशीन इस तरह की चीज बना सकती है हो सकता है बना भेजे लेकिन क्या उसके बिना रखरखाव के आप उस से काम ले सकते जितना इस शरीर से ले रहे हैं

सिर्फ अच्छा खाना खिलाने भर से ही हम हमारी जवाबदारी को पूरा नहीं कर लेते उसकी प्रति आभारी होना प्रेम प्रकट करना भी एक चीज बन जाती है जिस पर शायद ही हमारा कभी ध्यान जाता हूं.

अगर आप किसी ना किसी रोग पीड़ा दर्द से जूझ रहे हैं तो यह फूल आपके लिए बेहद फायदेमंद हो सकता है जिससे आपका ध्यान बीमारी से हटकर जहां सकारात्मकता है उस पर लगाया जाए जिससे उस शरीर की सकारात्मकता में वृद्धि हो और आप स्वास्थ्य लाभ प्राप्त करें इस तरह वक्तव्य का अर्थ बिल्कुल भी यह नहीं है कि आप को स्वस्थ रहने के लिए किसी डॉक्टर के पास नहीं जाना पड़ेगा किसी दवाई नहीं लेना पड़ेगी यह अर्थ नहीं है इसका दवाइयों की सीमा है डॉक्टर की अपनी सीमा है और मैं जो टेक्निक बता रहा हूं वह सिर्फ और सिर्फ आपके शरीर का जो हिस्सा स्वस्थ हल्दी मजबूत लचीला है उसके प्रति आभार और प्रेम व्यक्त करने की कला है

तो आइए हम हमारे शरीर के अंदर की सकारात्मक एनर्जी ऊर्जा को बढ़ाने के लिए उन्हीं तीन मैजिकल स्टेप का उपयोग करेंगे

पहले चरण में हम हमारे शरीर के कारण जितने भी हम काम कर पाए हैं या करते हैं उसके लिए हमें इस शरीर को इस हर उस अंग को जो हमारे काम मदद करता है और जो दूसरे सहायक अंग है जो अप्रत्यक्ष रूप से हमारे शरीर का अभिन्न हिस्सा है उन सब को धन्यवाद धन्यवाद धन्यवाद हमें कहना होगा और पूरे दिल की गहराई से कहना होगा उसके लिए आप नीचे बने टेंप्लेट का उपयोग भी कर सकते हैं

1.ए मेरे प्यारे शरीर तुम से ही मैं हूं, तुम हो तो मैं हूं, तुम स्वस्थ हो तो ही मैं एक जीवित के समान हूं, तुम्हारे होने से ही मेरे जीवन का अस्तित्व है धन्यवाद धन्यवाद धन्यवाद

2.मेरे प्यारे शरीर तुम स्वस्थ हो तो ही मैं पुरुषार्थ करने में सक्षम हूं, तुम प्रसन्न हो तो ही मैं मेरे सारे कामों को अंजाम दे सकता हूं, तुम से ही मैं, तुम से ही यह जीवन है धन्यवाद धन्यवाद धन्यवाद

3.अगर तुम स्वस्थ ना होते तो ना मैं भौतिक सुख सुविधाओं का उपभोग कर सकता, ना अपनी सफलताओं पर इतरा सकता, ना ही मेरा कोई अस्तित्व होता. यह मेरे प्यारे शरीर तुम कितने अच्छे हो तुम

कितने अच्छे हो, तुम ही तो सबसे अपने हो, तुम ही तो मेरे सबसे प्यारे दोस्त हो, तुम मेरा कितना ध्यान रखते हो धन्यवाद धन्यवाद धन्यवाद

दूसरे चरण में हम इस अद्भुत रचना का आभार मानते हुए इस से क्षमा याचना करेंगे..

1 हे मेरे प्यारे शरीर तुम मुझे क्षमा कर दो मैं तुम्हारा अपराधी हूं मुझसे वहां गलती हुई है तुम्हें नगर ने समझने की तुम्हें कमतर आंकने की तुम्हारे कारण ही तो इतना सब कुछ मैं कर सकता हूं और मैं तुम्हारा ध्यान नहीं रखा मैं हर बार कुछ भी ऐसा खा लेता हूं जो तुम्हारे लिए ठीक नहीं होता मैं हर बार तुमसे बस काम ही काम लेता रहता हूं तुम्हारे आराम का ख्याल नहीं रखता हूं तुम्हारा ध्यान नहीं रखा मैंने मैंने इतने काम की फिर भी तुम पर मेरा ध्यान नहीं गया उसके लिए मुझे क्षमा कर दो माफ कर दो धन्यवाद धन्यवाद धन्यवाद

2 जब भी तुम अस्वस्थ हुए तुम्हें तुम ही सोचता रहता कि तुम क्यों बीमार हुए जबकि उसका कारण में ही है मैंने कभी भी तुम्हारा भर नहीं माना इसलिए है मेरे प्यारे शरीर मुझे माफ कर दो मैं तुम्हारा हमेशा ध्यान रखूंगा जिस तरह तुमने मेरा ध्यान रखा है अब मैं कोई भी ऐसा काम नहीं करूंगा जिससे कि तुम्हें बीमार होना पड़े या तुम कमजोर हो मैं हमेशा स्वास्थ्यवर्धक उर्जा वर्धक भोजन करूंगा और ऐसे खाने से परहेज करूंगा जो तुम्हें रोगी बना सकता हो

3 मैं उन सभी आलोचनाओं के लिए भी तुम से क्षमा मांगता हूं जब कोई छोटी सी तकलीफ भी होती थी और मैं कुछ कर नहीं पाता था तो पूरा दोष सिर्फ तुम पर ही मर देता था कि तुम्हारे कारण ही मैं ऐसा हूं जबकि उसका जवाब दार मैं हूं मेरे कारण ही तुम्हें भी तकलीफ होती थी कोई छोटी सी परेशानी भी अगर मेरे शरीर में होती है तो उसकी जिम्मेदारी पूरी तरह मैं लेने को तैयार हूं मेरी जवाबदारी में अब तुम हो और तुम उसी तरह मेरा ख्याल रखना मैं भी उसी तरह तुम्हारा भी ध्यान रखूंगा यह मेरे प्यारे शरीर मेरी बॉडी थैंक यू धन्यवाद धन्यवाद धन्यवाद

तीसरे चरण में अभी वर्तमान में जो स्वास्थ्य हमारे पास है उसके लिए हम आभारी और धन्यवाद व्यक्त करेंगे..

1. तुम कितने सालों से मेरे साथ हो मेरे हर काम में मेरे मददगार हो यह मेरे प्यारे शरीर तुमने हर समय मेरा साथ दिया है मैं कितना भी थक जाऊं लेकिन तुम हमेशा मेरे साथ बने रहे तुम्हारे कारण ही मैं कितने आज तक काम कर पाया हूं इसके लिए मैं तुम्हें दिल से धन्यवाद प्रदान करता हूं धन्यवाद धन्यवाद धन्यवाद मेरे प्यारे मजबूत स्वस्थ शरीर तुम सदा ऐसे ही रहो

2. आज मैं मेरे दैनिक कार्यों को अच्छी तरह से पूरा कर पा रहा हूं इसके पीछे सिर्फ तुम हो मेरे शरीर तुम्हारे ही कारण आज सुबह शाम दोपहर सब है तुम स्वस्थ हो इसी कारण आज मैं अपना पुरुषार्थ कर पा रहा हूं तुम्हारे ही कारण में चल सकता हूं मैं दौड़ सकता हूं मैं झुक सकता हूं मैं कूद सकता हूं तुम स्वस्थ हो और जो भी स्वास्थ्य आज मेरे पास है उसके लिए उस परमपिता ईश्वर को और मेरे प्यारे शरीर का धन्यवाद धन्यवाद धन्यवाद

3. आज मैं अच्छी तरह से सांस ले पा रहा हूं छोड़ पा रहा हूं मैं आज अच्छे से चल सकता हूं मेरे दोनों हाथों से मैं कई प्रकार के काम कर सकता हूं मेरे आंखों की रोशनी बराबर है, मैं बोल सकता, मेरे सभी तंत्र अपने स्वास्थ्य अवस्था में हैं और उसी के कारण मेरा पूरा शरीर मेरा दोस्त बना हुआ है, आज उसके प्रति मैं दिल से आभार व्यक्त करता धन्यवाद

इन **श्री मैजिकल स्टेप** का उपयोग करके आप अपने शरीर की स्वास्थ्य, ऊर्जा और एक नया प्रभाव इसमें प्रवाहित कर सकते हैं जिससे आपका शरीर पहले से और अधिक ऊर्जावान स्वस्थ होकर आपको अपने पुरुषार्थ करने में अधिक मदद करता है. हो सकता है आपका कोई पुराना रोग हो कोई पुरानी परेशानी हो कोई शारीरिक व्याधि हो तकलीफ हो उसमें भी इस तरह का उर्जा प्रवाह अगर निरंतर बना रहे तो आप आश्चर्यजनक सुधार पा सकते हैं बस आवश्यकता है जो आपके पास है उसके प्रति उसके लिए उसके प्रति आभारी होना और आभार व्यक्त करते रहना लगातार लगातार ....

निश्चित रूप से यह एक जादू के जैसा होगा और जहां जादू होता है वहां कोई कर्म नहीं होता क्या यह जादू आपके लिए भी काम किया है?

बताएं..

आप यह बातें इसलिए नहीं माने कि मैं कह रहा हूं आप खुद इसका प्रयोग करके देखें और फिर अपने अनुभव मेरे साथ शेयर करें कि ऐसा करने से आपको अगले 7 दिन में क्या परिणाम मिले अगले एक माह में क्या परिणाम मिले अगले 3 माह में आपके साथ क्या-क्या परिवर्तन हुए कृपया शेयर जरूर करें..

5

तीसरा पत्र

अब हम आते हैं सबसे महत्त्वपूर्ण काम पर वह काम जो हमें सब कुछ देता है हम हमारे जीवन का बहुत बड़ा भाग उसी काम में लगा देते हैं और वह काम है हमारी जॉब हमारा बिज़नेस यह हमारा कैरियर या जो भी हम करते हैं जिससे हमारा रोज का गुजारा चलता है हमारे सपने पूरे होते हैं हम हमारी लाइफ को बेहतर करने के लिए खर्च कर सकते हैं जिससे हम धन कमाते हैं और उस काम से हम काफी कुछ काम कर लेते हैं

उसकी तरफ क्या हमने कभी ध्यान दिया है कि हम उसे किस भावना से करते हैं उसके लिए हमें क्या बोलना चाहिए क्या उसके प्रति हम पर्याप्त आभारी हैं या क्या हम उसको जितना प्यार की जरूरत है उतनी दे पाते हैं या उसे हम सिर्फ एक भार समझकर ढोते जा रहे हैं इसलिए आज हमें जरूरत है इस और देखने की कि हम हमारे काम को कितना सम्मान कितना प्यार और कितना आभार देते हैं. मैं मेरे काम से बहुत ही प्यार करता हूं और मैं मेरे कैरियर में जो भी मेरा क्षेत्र है उससे मैं बहुत कुछ हासिल कर सकता हूं आज मैं जहां हूं उसी फील्ड के कारण जिस फील्ड में मैं इतने सालों से काम करता रहा हूं और पैसे कमा भी रहा हूं और खर्च भी कर रहा हूं

मैंने आज तक जहां भी काम किया है उन सभी संस्थाओं का वहां के सभी नियोक्ताओं का सभी सहकर्मियों का सभी दोस्तों का जिन्होंने

मुझे सिखाया जो मेरे साथ रहे जिन्होंने मुझे हमेशा आगे बढ़ने के लिए मदद की ऐसे सभी संस्थाओं और लोगों का मैं दिल से आभार व्यक्त करता हूं क्योंकि ऐसे ही लोगों के कारण मैं आज इतना आगे आ पाया हूं जिससे मेरा समय-समय पर प्रमोशन भी हुआ ज्ञान भी बड़ा धन्यवाद धन्यवाद धन्यवाद

मेरी जॉब ही मेरे लिए सब कुछ है क्योंकि यह मुझे आगे बढ़ने में मदद करती है मेरा और मेरे परिवार का लालन पोषण करने में सहायता करती है इसी की सहायता से परिवार की आर्थिक स्थिति सुदृढ़ होती है बल्कि हुई है अगर यह ना होता तो हम आज इतने सक्षम नहीं हो सकते कि आज जहां है वहां पहुंच पाते इसी की बदौलत हम आज यहां पर हैं जहां पर आना सोचना ही आज से कुछ सालों पहले मुश्किल दिखता था लेकिन इसी लगातार जॉब बिजनेस कैरियर फील्ड के कारण ही हम यहां पर आप आए हैं तो क्या हम इसके प्रति आभारी नहीं हो सकते?

निश्चित ही हमें बिल्कुल पूरी तरह इस का आभारी होना ही चाहिए और मैं मेरे काम से बहुत प्यार करता हूं मैं मेरा काम पूरी खुशी से करता हूं पूरे उत्साह से करता हूं जिससे कि मेरे कार्य क्षेत्र में भी मैं एक उपलब्धि हासिल करता रहूं और जहां मैं काम करता हूं वहां का माहौल भी ऊर्जावान खुशनुमा हमेशा बना रहता है जिससे मैं अपने परिवार के साथ समय जो बताता हूं वह भी प्रेम और उत्साह पूर्ण रहता है इसका पूरा श्रेय मेरे इस काम को भी जाता है जो मैं करता हूं एक जॉब के रूप में एक बिजनेस के रूप में या एक कैरियर के रूप में इस जॉब को धन्यवाद धन्यवाद धन्यवाद

अब हम इस पत्र में भी उन्हें तीन मैजिकल स्टेप को फॉलो करेंगे और हम पाएंगे कि अगले ही कुछ दिनों में हमने हमारे काम जॉब के अंदर जो भी नेगेटिविटी कमी चल रही थी वह पूर्ण उत्साह और ऊर्जा रूपी भाव में बदल गई है जिससे मैं अब और भी अच्छे से खुशी से मन से दिल से अपना काम करने में जुट गया हूं जिससे मुझे उसका परिणाम और भी अच्छा और सकारात्मक मिलने लगा है तो आइए हम चलते हैं उन्हीं तीन जादुई चरण

पहला चरण - मेरी जॉब बिजनेस मुझे इस स्थिति में पहुंचाने के लिए मैं तुम्हारा हमेशा आभारी रहूंगा तुम्हारे कारण ही नहीं मैं खुद और अपने परिवार का पेट भर सकता हूं सभी मूलभूत आवश्यकताओं की पूर्ति भी तुम्हारे ही कारण हो सकती है सारी शिक्षा ज्ञान भौतिक सुख सुविधा पर जो खर्चा है वह भी तुम्हारी ही देन है तुम्हारे कारण ही मैं इतनी यात्राएं कर पाता हूं सामाजिक आयोजनों में शामिल हो सकता हूं अगर तुम नहीं होते तो मैं यह सारे खर्चा कैसे वहन करता और तुम नहीं रहते तो मैं कैसे इतना आगे बढ़ सकता तुम ही से तो मैं हूं और तुम्हारे ही कारण मैं हूं मेरी पहचान भी तुम ही हो मेरा अभिमान भी तुम तुम्हें अपने साथ हमेशा मैंने पाया है हर कमी को तुमने दूर किया है इसके लिए मैं तुम्हारा दिल से आभारी हूं धन्यवाद धन्यवाद धन्यवाद

दूसरा चरण - हे मेरी जॉब तुम्हें कमतर आंकने के लिए मैं बहुत शर्मिंदा हूं तो मुझे क्षमा कर दो शमा कर दो माफ कर दो एम सॉरी आई एम सॉरी एम सॉरी मुझे माफ कर दो मेरी जान मेरे काम मेरे बिजनेस तुम ही मैंने हमेशा कम समझा और तुम्हारी उपेक्षा करता रहा कि तुमसे मैं क्या तुम मेरी हर जरूरत पूरी नहीं करते हो मुझे हमेशा ऐसा ही लगता है मैं तुम्हारा प्रार्थी हूं तुम मुझे इस अपराध बोध से मुक्त करो और मुझे माफ करो और जो तुम्हारी धन और सकारात्मकता की उर्जा है उसका प्रभाव मुझ पर हमेशा बरसाते रहो धन्यवाद धन्यवाद धन्यवाद

तीसरा चरण - हे मेरे गांव तुम जब मैं मेरा काम करता हूं तो पूरी खुशी से करता हूं मैं भरपूर प्यार से करता हूं चाहत से करता हूं जिससे उस काम के जो परिणाम स्वरूप मुझे धन मिलता है वह बरकती होता है मैं उसमें से प्रयाग तक बचत भी करता हूं और निवेश भी करता रहता हूं हर बार मैं अपने निवेश को पिछली बार से कुछ बड़ा था रहता हूं जिससे मेरी आर्थिक स्थिति सुदृढ़ हो रही है तुम्हें जो काम करता हूं उसी से दो वक्त का भोजन में खाता हूं मेरे परिवार का भी भोजन उसी काम से आता है उस काम को करते हुए में बहुत ही गौरवान्वित महसूस करता हूं इस काम का इस क्षेत्र का में बहुत ही आभारी हूं यह काम ने मुझे सब कुछ दिया है आज तक में जो अभी तक पा रहा हूं वह सब

किसी काम की बदौलत है नहीं तो मैं कहीं का नहीं रहता अगर मैं काम नहीं करता तो आज पता नहीं क्या हालत होती लेकिन आज जो भी मेरी अच्छी हालत है समृद्धि है वह इसी काम से है इसलिए मैं इस काम से बहुत प्यार करता हूं बहुत प्रसन्न रहता हूं इस काम को है पूरी खुशी से करता हूं धन्यवाद धन्यवाद धन्यवाद

यह तीन चरण आपके काम में आपकी रूचि को बढ़ा देंगे आपके काम में नीरसता को खत्म कर देंगे और एक नया उत्साह प्रेम और जुनून पैदा हो जाएगा जिससे आप अपने काम में बहुत ही अच्छा इनपुट दे पाएंगे जिससे उसका उठ पुट 10 गुना होकर आपको मिलेगा और आप एक संतुष्ट और खुशहाल इंसान परिवार के रूप में हमेशा रहेंगे आप इसके रिजल्ट जरूर हमसे शेयर करें और बताएं कि इन 3 स्टेप से आपके काम और जॉब पे जो नजर किए हैं वह किस प्रकार बदले और आपको किस प्रकार लाभान्वित किया तो चलते हैं...

6

चौथा पत्र

गुरु ब्रह्मा गुरु विष्णु गुरु देवो महेश्वरा
गुरु साक्षात परब्रह्मा तस्मै श्री गुरुवे नमः

गुरु दो शब्दों से मिलकर बना है गु अर्थात अंधकार और रु अर्थात प्रकाश तो गुरु शब्द का शाब्दिक अर्थ है अंधकार से प्रकाश की ओर ले जाने वाला. हमें बचपन से अभी तक कई सारे शिक्षक, वरिष्ठ जन, परिवार के बड़े, कई सारे दोस्त, कई सारे लोग ऐसे मिले हैं जो कुछ न कुछ हमें हमेशा सिखाते रहे हैं. उनकी सीख से ही हम आगे बढ़ते रहे हैं और उनके अनुभवों से ही फायदा लेते रहे हैं, इसलिए इस तरह के कोई भी व्यक्ति जिसने हमें एक छोटी सी बात भी सिखाई हो वह हमारा गुरु होता है.

साथ ही हमारे सीनियर हमारे सहकर्मी भी हमारे गुरु के रूप में होते हैं जिस तरह हमारी जॉब में हमसे जो सीनियर हैं वह हमें हर कदम पर सिखाते हैं, समझाते हैं तो वह भी गुरु का ही रूप है. जिस तरह माता-पिता भी बचपन से हमें कुछ ना कुछ हमेशा सिखाते रहते हैं वह भी गुरु के रूप में ही होते हैं.

मेरे स्कूल के टीचर मेरे घर के बड़े मेरे दोस्त मेरे सीनियर वरिष्ठ सभी लोगों ने मुझे हर जगह हर बार सिखाया कुछ ना कुछ सिखाते ही रहे उनकी ही सीख से मैं खुद आज इतना आगे बढ़ पाया हूं और वह स्कूल के टीचर्स का ज्ञान भी मेरे आज तक काम आ रहा है और उनकी ही बदौलत

मैं आज यहां पर आया हूं जिस मुकाम पर हूं सब उन्हीं की बदौलत है और उसके बाद हर गुरु अलग-अलग क्षेत्र की आपको जानकारी देता है जिस तरह से यहां पर मैं मुख्य 2 गुरुओं की बात को रखना चाहता हूं जिसमें **मितेश खत्री** और **भूपेंद्र सिंह राठौर बीएसआर** एक कोच हैं मेंटर हैं जिन्होंने जीवन जीने के बारे में एक अलग ही नजरिया विकसित किया और उनसे कई सारी मैं चीजें सीखा हूं जिनकी बदौलत में आज लोगों को सिखा भी सकता हूं और खुद भी सीख रहा हूं उनसे ही सीखा हूं मैं कि किस तरह से जीवन में गिर कर उठना चाहिए और किन धन्यवाद ओं से किस तरह से निपटा जाता है और किन परिस्थितियों को किस तरह से लिया जाना चाहिए और पूरी दुनिया की जो अपार शक्ति है ऊर्जा उस ऊर्जा को किस तरह से बढ़ाया जाए आदि आदि आदि उन्हीं दोनों की बदौलत में आज इस पुस्तक का विमोचन करने के लायक भी बन पाया हूं और उनकी कई सारी प्रेरणादायक किस्से कहानी हैं क्योंकि यह किताब का विषय नहीं है इसलिए ज्यादा समय नहीं लूंगा मैं.

लेकिन फिर भी यह बताना चाहता हूं कि अगर यह दोनों लोग यह दोनों गुरु अगर आज मेरी जीवन में नहीं होते तो यह किताब आप शायद ही पढ़ रहे होते तो इन दोनों का भी हार्दिक आभार धन्यवाद धन्यवाद धन्यवाद उसी तरह जो हम आज काम कर रहे हैं चाहे किसी भी फील्ड में हो हमें किसी ना किसी के द्वारा सिखाया ही गया है चाहे वह हमारे सीनियर हो चाहे हमारे कॉलेज के टीचर्स हो चाहे ऐसे धोखेबाज दोस्त हो जिन से सीख कर हम आगे बढ़े हैं और हमें लोगों से व्यवहार करने का तरीका पता चला हो तो हमें इन गुरुओं का कभी भी हमें इन गुरुओं का हमेशा आभारी होना चाहिए जिससे कि इनके द्वारा जी दिया गया ज्ञान जो हमारे पास है वह अपनी पूरी ऊर्जा से काम आए हमारे काम आए और हम को आगे बढ़ाने में मदद करता रहे अगर उसकी प्रॉपर फ्रीक्वेंसी हम चाहते हैं तो हमारे गुरुओं का आभार और गुरुओं का धन्यवाद करना बहुत आवश्यक हो जाता है जिससे कि हम जीवन में आगे बढ़ते रहते हैं एक शिक्षा सिर्फ एक ही बार मिलती है लेकिन उसका उपयोग हमें कई बार करना पड़ता है अगर आपने सुना होगा महाभारत काल में कर्ण को महाभारत काल में कारण कर्ण को

श्राप था कि उसको जो भी ज्ञान गुरु द्वारा दिया गया है वह उस के काम नहीं आ सकता जबकि उसको उस ज्ञान की सबसे ज्यादा आवश्यकता होगी तो इस उदाहरण से हम समझ सकते हैं कि सिर्फ अकेला ज्ञान ही हमारे काम नहीं आ सकता है अपितु गुरु की ऊर्जा जो हमें ज्ञान के साथ हमेशा मिलती रहती है वह भी बहुत जरूरी है जिससे हम उस ज्ञान का उचित उपयोग कर पाए.

इस तरह हमारे पास जो उपलब्ध ज्ञान हैं यह जिन से ज्ञान मिला है उसकी फ्रिकवेंसी भी हम बढ़ा सकते हैं सिर्फ इन तीन मैजिकल स्टेट से जो हमने अभी तक अपना ही हैं वह तीन मैजिकल स्टेप आपके ज्ञान की फ्रीक्वेंसी बढ़ाने में भी बहुत बड़ी भूमिका अदा करता है.

थ्री मैजिकल स्टेप में हम

पहले चरण में हमारे बचपन से लेकर आज तक के जितने भी शिक्षक हुए हैं उन सभी का आभार व्यक्त करते हैं कि सभी गुरुओं का आभार उनकी दी हुई शिक्षा के लिए धन्यवाद धन्यवाद धन्यवाद उनके दिए हुए मार्गदर्शन के लिए धन्यवाद धन्यवाद धन्यवाद उनकी हर एक बात जो हमारे जीवन में बहुत ही काम आती है और जो कम भी काम आती है उन सब सिखाई हुई बातों के लिए उनका आभार और धन्यवाद धन्यवाद धन्यवाद सभी टीचर्स का सभी दोस्तों का सभी बड़ों का जो अभी तक हमने सीखा है वह कहीं से भी सिखा हो वह उस ज्ञान के स्त्रोत का आभार धन्यवाद धन्यवाद धन्यवाद

दूसरे चरण में हम क्षमा याचना करेंगे वे सभी गुरुवर मेरे शिक्षक अगर मैंने जाने अनजाने में कभी अपनी शिक्षा को अपने शिक्षक को आपको गुस्सा हो तो उसके लिए मुझे क्षमा कर दीजिए आई एम सॉरी प्लीज फॉरगिव मी एम सॉरी प्लीज फॉरगिव मी आई एम सॉरी प्लीज फॉरगिव मे कभी भला बुरा मेरे द्वारा कहा गया हो यह सोचा भी गया हो उन सारी चीजों के लिए मैं आपसे दिल से क्षमा प्रार्थी हूं मुझे क्षमा करें क्षमा करें और अपने ज्ञान की ऊर्जा को हमारी ओर प्रवाहित करते रहे करते रहे.

तीसरे चरण में जो ज्ञान और ज्ञान के कारण जो भी हमने प्राप्त किया है उसके प्रति हमें आभार व्यक्त करना है है गुरुवर गुरुवर आपके ज्ञान से

मुझे अभी तक यहां तक का सफर बहुत ही आसानी से कटा है और आशा है कि आगे भी मैं इसी तरह आगे बढ़ता जाऊंगा और आपका ज्ञान मेरी पूरी तरह से मदद करता रहेगा और मैं भी विश्वास दिलाता हूं कि आपके द्वारा जो ज्ञान मुझे दिया गया है उसकी ऊर्जा को मैं संभाल कर रखूंगा और उससे लोक कल्याण के लिए कई सारे कार्य करूंगा और आपके ज्ञान का भरपूर उपयोग करके मैं आप का आभारी रहूंगा धन्यवाद धन्यवाद धन्यवाद

अब यहां रुकता हूं क्योंकि मुझे अब यह भी पता लगाना है कि अभी तक जो मैंने लिखा है वह आपके काम आ पाया या ना पाया, मैं आपको कुछ नई चीज,नई बात, नया नजरिया देने में सफल हुआ या नहीं हुआ.

इसलिए अब आगे के तीन पत्र के लिए आपका मुझ तक रिप्लाई आना है. जवाब जरूर दें कि इन चार पत्रों ने आपके जीवन को किस तरह से परिवर्तित किया है. क्या आप इन चारों पत्रों से पहले से ही परिचित है या इसमें कुछ आपको नवीनता लगी और अगर परिचित है तो आप की जानकारी और इस में क्या अंतर है?

कृपया मुझे जरूर बताएं और अगर आप उन तीन पत्रों को भी जानना चाहते हैं तो मुझे जरूर लिखें आपके बिना लिखे मैं बिल्कुल भी अब इस किताब को आगे नहीं बढ़ाने वाला आप अगर मुझे लिखेंगे तो ही मैं आगे लिख लूंगा इसलिए आप इन चारों पत्रों का अपने दैनिक जीवन में उपयोग करें और अपनी जो फ्रीक्वेंसी है उसको बढ़ाने के लिए प्रयास करें और जो यह जीवन का एक रहस्य है जो कई बार हमारे सामने होता है लेकिन हम नहीं देख पाते हैं तो उसके प्रति जागरूक होकर हम आगे बढ़े और हमारे चाहने वालों के साथ भी इसको शेयर करें जिससे उनके जीवन में भी सुख समृद्धि और ज्ञान का भंडार हमेशा बरकत से भरा रहे.

www.ingramcontent.com/pod-product-compliance
Lightning Source LLC
Chambersburg PA
CBHW020853160726
47993CB00004B/1636